✠ MINISTÈRE
DE L'INSTRUCTION PUBLIQUE ET DES BEAUX-ARTS

COMPTABILITÉ

✠ INSTRUCTIONS

RELATIVES

à la validation des services auxiliaires ou temporaires
en exécution
des dispositions de l'article 10 de la loi du 14 avril 1924.
Versements des retenues rétroactives.

✠ INSTRUCTIONS

RELATIVES

aux conditions d'affiliation au régime des pensions civiles
des nouvelles catégories
de personnels admis au bénéfice de la loi du 14 avril 1924
en exécution de l'article 69 de ladite loi.

PARIS

IMPRIMERIE NATIONALE

1926

MINISTÈRE
DE L'INSTRUCTION PUBLIQUE ET DES BEAUX-ARTS.

COMPTABILITÉ.

INSTRUCTIONS

*relatives à la validation des services auxiliaires ou temporaires en exé-
cution des dispositions de l'article 10 de la loi du 14 avril 1924.
— Versements des retenues rétroactives.*

LE MINISTRE DE L'INSTRUCTION PUBLIQUE ET DES BEAUX-ARTS,

à Messieurs les Recteurs, Préfets, Inspecteurs d'académie, Directeurs des grands établissements scientifiques et littéraires,
Chefs d'établissement, Chefs de service.

J'ai l'honneur de vous transmettre ci-joint :

1° Copie d'un arrêté en date du 18 août 1926, inséré au *Journal
officiel* du 21 août 1926, fixant la nature et le point de départ des
services rendus, depuis l'âge de 18 ans, en qualité d'auxiliaire ou de
temporaire, admis à validation conformément aux dispositions des
articles 10 de la loi du 14 avril 1924 et 17 du decret du 2 septembre 1924;

2° Copie d'une instruction de M. le Ministre des Finances relative
aux conditions dans lesquelles doivent être effectués les versements
rétroactifs nécessaires pour valider lesdits services.

J'appelle votre attention sur les points suivants :

1° Le recouvrement des retenues afférentes aux services validables
devant être opéré pour les fonctionnaires en activité par voie de précompte mensuel sur le traitement des intéressés, il appartiendra à
chaque liquidateur du traitement d'assurer ce recouvrement en se
conformant strictement à la circulaire de M. le Ministre des Finances
èt d'une façon générale aux articles 10 de la loi du 14 avril 1924,
17 du règlement du 2 septembre 1924 et 10 de l'instruction générale
de M. le Ministre des Finances du 12 octobre 1924, dont vous trou-
verez ci-après les textes.

A cet effet, toutes les demandes de validation de services qui m'ont été transmises vous seront prochainement retournées. Pour l'examen de la recevabilité de ces demandes il y aura lieu de se référer aux services limitativement énumérés dans l'arrêté susvisé du 18 août 1926. Celles qui ne vous paraîtraient pas admissibles devront m'être soumises sous le timbre du bureau des pensions.

2° Les retenues rétroactives peuvent faire l'objet, soit d'un versement unique, soit de versements fractionnés, mais afin de simplifier les écritures, il conviendra d'inviter les intéressés à se libérer en un, deux ou trois versements et il est à prévoir que la plupart d'entre eux y souscriront.

3° L'arrêté ne vise pas les services de « stagiaire » et de « surnuméraire », la validation de ces services demeurant réglée par l'article 85 de la loi du 8 avril 1910, la loi nouvelle se bornant à en faire remonter l'admission pour la retraite à l'âge de 18 ans et à permettre aux fonctionnaires titulaires en activité, qui ne l'avaient pas fait lors de leur titularisation, à en demander la validation.

4° Les intéressés n'ont pas la faculté de limiter la validation à une partie seulement des services validables, mais cette validation doit comprendre *la totalité* desdits services.

5° Les intéressés ont un délai d'un an à dater du 21 août 1926 pour formuler leur demande de validation.

6° Les services accomplis dans les cours secondaires officiels de jeunes filles, antérieurement au 1er janvier 1905 et dans les cours secondaires de la ligue de l'enseignement d'Alger, antérieurement au 1er janvier 1911, qui sont visés par l'article 244 de la loi de finances du 13 juillet 1925, devront être validés dans les mêmes conditions.

7° Il importe enfin de ne pas confondre les services qui doivent être validés au titre de l'article 10 de la loi avec ceux qui devront être validés en application de l'article 25 du règlement d'administration publique du 2 septembre 1924, par les agents nouvellement affiliés au régime général des retraites par le décret du 26 août 1926, en vertu de l'article 69 de la loi : « Ces derniers services, c'est-à-dire les services rendus par les intéressés antérieurement à leur affiliation à la loi nouvelle, sont hors du champ d'application de l'article 10 et feront l'objet d'une instruction spéciale. »

Je vous serais obligé de vouloir bien veiller personnellement à l'exécution des présentes instructions.

ÉDOUARD HERRIOT.

ARRÊTÉ

du 18 août 1926 fixant la nature et le point de départ des services d'auxiliaire ou de temporaire susceptibles d'être validés au titre de l'article 10 de la loi du 14 avril 1924.

LE MINISTRE DE L'INSTRUCTION PUBLIQUE ET DES BEAUX-ARTS,

Vu l'article 10 de la loi du 14 avril 1924 portant réforme du régime des pensions civiles et militaires ;

Vu l'article 17 du décret du 2 septembre 1924,

ARRÊTE :

ART. 1ᵉʳ. Peuvent être validés au titre de l'article 10 de la loi du 14 avril 1924 et dans les conditions fixées par l'article 17 du règlement d'administration publique du 2 septembre 1924, les services rendus depuis l'âge de 18 ans en qualité d'auxiliaire ou de temporaire dans les différents services relevant du Ministère de l'Instruction publique et des Beaux-Arts, savoir :

1° *Administration centrale.*

Instruction publique et beaux-arts.

2° *Archives nationales.*

3° *Enseignement supérieur.*

Services accomplis dans les Facultés en qualité de suppléant d'un professeur, d'un chargé de cours, d'un maître de conférences ou d'un agrégé, ou comme chargé d'un emploi vacant en vertu d'une délégation spéciale.

Services accomplis par les chefs des travaux, préparateurs des Facultés de médecine, des sciences et de pharmacie, conservateur des collections, agrégés, préparateurs de l'École normale supérieure.

Services accomplis dans les établissements d'enseignement supérieur ci-après désignés :

Bibliothèques universitaires, grandes bibliothèques publiques et bibliothèque et Musée de la Guerre.

Institut de physique du globe.

Bureau des longitudes.

Collège de France.
École des chartes.
École des hautes études.
Muséum national d'histoire naturelle.
Observatoires.
Écoles des langues orientales.
Service météorologique de l'Algérie.
Administration académique.

Services accomplis par le personnel subalterne des Universités, des Facultés, des établissements d'enseignement supérieur et de l'administration académique, agents du cadre spécial et du cadre ordinaire qui étaient précédemment assujettis à la loi du 9 juin 1853.

Services accomplis par les professeurs de la Faculté de théologie catholique de l'Université de Strasbourg en qualité de chapelains de l'église nationale de Saint-Louis-des-Français de Rome.

4° *Enseignement secondaire.*

Services accomplis dans l'enseignement secondaire en qualité de délégué ou de suppléant chargé d'un service complet dans un poste régulièrement prévu au budget des établissements.

5° *Enseignement primaire supérieur.*

Services accomplis :

a. Par les professeurs et professeurs adjoints délégués par arrêté ou décision ministérielle ou rectorale dans les écoles normales et les écoles primaires supérieures.

b. Par les professeurs, professeurs adjoints, instituteurs et institutrices intérimaires ou suppléants des écoles normales et écoles primaires supérieures nommés par arrêté ou décision ministérielle ou rectorale.

c. Par les répétiteurs ou répétitrices délégués par arrêté ministériel, rectoral ou préfectoral, des écoles primaires supérieures de Paris sous réserve qu'ils aient été pourvus des titres universitaires alors exigés des répétiteurs titulaires.

d. Par les répétiteurs ou répétitrices suppléants et maîtres suppléants des écoles primaires supérieures de Paris à partir de la date à laquelle le suppléant a eu un service normal sous réserve qu'ils aient été pourvus des titres universitaires alors exigés des répétiteurs titulaires.

Services de maître ou maîtresse auxiliaire des écoles primaires supérieures et des écoles normales pour les fonctionnaires assujettis à la loi du 14 avril 1924 à partir de la date à laquelle le service comportait par semaine vingt heures (départements) et seize heures (Paris) rétribuées par l'État.

Service de commis auxiliaire intérimaire ou suppléant d'inspection académique accompli en vertu d'une autorisation ministérielle et rétribués par l'État.

6° *Enseignement primaire élémentaire.*

Services rendus par les instituteurs et les institutrices publics soit avant, soit après leur titularisation, en qualité de suppléants et d'intérimaires rémunérés sur les fonds de l'État. Ces services ne seront comptés que dans la mesure où ils ont été effectivement accomplis.

Services rendus par les institutrices exerçant dans les écoles primaires publiques facultatives.

Services rendus par les instituteurs et les institutrices exerçant dans les écoles primaires élémentaires en qualité de suppléant communal.

7° *Beaux-arts.*

Services accomplis dans les établissements des beaux-arts ci-après désignés :

Conservatoire national de musique et de déclamation.

Conservation des palais nationaux.

Administration du mobilier national.

Musées nationaux.

Musée Guimet.

Commissariat des expositions.

Bâtiments civils et palais nationaux.

Service des eaux de Versailles et de Marly.

Monuments historiques.

École nationale supérieure des beaux-arts.

École nationale des arts décoratifs.

Manufacture nationale de Sèvres.

Manufacture nationale de Beauvais.

Manufacture nationale des Gobelins.

École nationale d'art décoratif de Nice.

École nationale des arts appliqués à l'industrie de Bourges.

École nationale supérieure des arts et industries textiles de Roubaix.

Ecole nationale d'art décoratif de Limoges.

Ecole nationale des beaux-arts de Dijon.

ART. 2. A titre provisoire et s'ils en ont formé la demande dans un délai d'un an à dater de la publication au *Journal officiel* du présent arrêté, les fonctionnaires titulaires en exercice au 17 avril 1924, pourront effectuer, pour les services visés ci-dessus, le versement rétroactif des retenues pour pensions civiles.

Art. 3. Le présent arrêté sera publié au *Journal officiel*.

Fait à Paris, le 18 août 1926.

*Le Ministre de l'Instruction publique
et des Beaux-Arts.*
HERRIOT.

*Le Président du Conseil,
Ministre des Finances,*
R. POINCARÉ.

Paris, le 3 juillet 1925.

Le Ministre des Finances,

à Monsieur le Ministre de l'Instruction publique (Direction de la Comptabilité).

J'ai l'honneur de vous rappeler que l'article 10 de la loi du 14 avril 1924, portant réforme du régime des pensions civiles et militaires, permet aux fonctionnaires titulaires, sous réserve du versement rétroactif des retenues légales, de faire entrer en compte pour la liquidation de leur pension les services auxiliaires, temporaires ou d'aide et de surnuméraire ou stagiaire, par eux accomplis à partir de l'âge de 18 ans dans différents établissements ou Administrations de l'Etat.

Un décret du 2 septembre 1924 portant règlement d'administration publique a fixé, en son article 17, les conditions d'application de l'article susvisé de la loi du 14 avril 1924. Les dispositions adoptées peuvent se résumer ainsi :

Dans le délai d'un an calculé à compter de la publication des arrêtés portant indication des services à valider, les fonctionnaires en exercice au 17 avril 1924 ou titularisés entre cette date et celle du 10 septembre de la même année, devront faire connaître expressément leur intention de bénéficier des avantages prévus par l'article 10 de la loi du 14 avril 1924.

En ce qui concerne les agents titularisés à compter du 10 septembre 1924, le délai d'un an qui leur est imparti pour manifester leur intention court du jour de leur titularisation. Cette disposition trouvera surtout son application pour les titularisations qui interviendront dans l'avenir.

Les retenues que lesdites demandes de validation rendent exigibles sont calculées sur la totalité des services d'auxiliaire, de temporaire, d'aide et de surnuméraire ou stagiaire, que ceux-ci aient été continus ou discontinus, cette dernière hypothèse visant exclusivement le cas des agents possédant des services d'auxiliaire interrompus par des services de titulaire, sans toutefois qu'il y ait discontinuité dans l'accomplissement de ces deux catégories de services. Elles seront comptées à raison de 5 p. 100 pour la période antérieure au 17 avril 1924, de 6 p. 100 à partir du 17 avril 1924, sur le traitement initial effectivement touché par le fonctionnaire lorsqu'il a été titularisé.

Le cas échéant, le décompte des retenues rétroactives est diminué du montant des retenues déjà subies et versées à la Caisse nationale des retraites pour la vieillesse en vue de la constitution d'une rente viagère.

Si le fonctionnaire est admis à faire valoir ses droits à la retraite avant que les retenues rétroactives par lui dues aient été versées, cette situation ne fait pas échec à la liquidation et à la concession de sa pension, sous la condition cependant que les retenues exigibles suivant le mode de libération choisi par l'agent aient été acquittées. Les retenues dont le montant reste à percevoir sont précomptées sur les premiers arrérages de la pension.

Des arrêtés soumis à mon contreseing, arrêtés qui ont déjà été pris ou doivent l'être, détermineront suivant les directives tracées par mon Instruction du 12 octobre dernier, art. 10, à laquelle vous voudrez bien vous reporter le cas échéant, la nature et le point de départ des services admis à validation par application de l'article 10 de la loi du 14 avril 1924.

Les règles relatives à la détermination des services susceptibles à validation étant ainsi arrêtées, j'appelle votre attention sur les dispositions qui, d'une manière générale, devront être suivies pour assurer, en exécution de l'article 10 de la loi précitée, la validation des services, ainsi que la liquidation du montant et l'encaissement des retenues rétroactives.

Tout d'abord, il convient de distinguer nettement les fonctionnaires titularisés avant la promulgation de la loi du 14 avril 1924 de ceux titularisés après cette date.

Pour les premiers, les dispositions de l'article 10 constituent une simple faculté dont ils auront à réclamer expressément le bénéfice sans avoir la possibilité de limiter la validation à une partie seulement des services, aussi bien en ce qui concerne le stage ou le surnumérariat que les services auxiliaires, temporaires ou d'aides, étant entendu toutefois que les périodes de stage ou de surnumérariat accomplies après la promulgation de la loi du 8 avril 1910 ont dû obligatoirement donner lieu, en vertu de l'article 85 de ladite loi, au versement de retenues rétroactives de la part des fonctionnaires titularisés.

Pour les seconds, l'alinéa 2 de l'article 10 modifie le point de départ en le fixant à l'âge de 18 ans de la période du stage ou du surnumérariat susceptible d'être validée pour la retraite en conformité de l'article 85 de la loi du 8 avril 1910. La validation de ces services reste donc obligatoire pour les agents de cette catégorie, alors que reste facultative, au contraire, celle des services qu'ils ont accomplis en qualité d'auxiliaire, de temporaire ou d'aide.

Les fonctionnaires et agents qui désirent se prévaloir du bénéfice de l'article 10 de la loi du 14 avril 1924 doivent, dans la demande adressée à l'Administration dont ils dépendent ou dont ils dépendaient, lorsqu'ils ont cessé leurs fonctions, indiquer, en outre, les conditions dans lesquelles ils entendent effectuer le versement des retenues rétroactives.

Si les services dont la validation est demandée ont été accomplis dans une Administration autre que celle dont dépend l'agent ou dont il dépendait avant de cesser ses fonctions, l'instruction de la demande et la suite à donner seront néanmoins assurées par cette dernière. Elle aurait donc à demander au Département ministériel auquel a appartenu temporairement l'un de ses agents tous renseignements nécessaires tant sur le point de savoir si les services peuvent être validés que sur les traitements devant servir de base pour la perception des retenues.

Les retenues rétroactives afférentes au temps de service accompli en qualité d'auxiliaire, d'agent temporaire ou d'aide ainsi que celles à verser pour le temps passé dans les fonctions de surnuméraire ou de stagiaire par les fonctionnaires titularisés au jour de la promulgation de la loi pourront, soit faire l'objet d'un versement unique, soit de versements fractionnés, conformément aux dispositions du paragraphe 6 de l'article 17 du décret du 2 septembre 1924. Si la période à laquelle elles s'appliquent est inférieure à deux ans, ces retenues pourront être versées en douze mensualités, la première échéant à l'expiration du troisième mois complet écoulé depuis la demande. Si ladite période est égale ou supérieure à deux ans, les retenues seront acquittées par des versements mensuels échelonnés sur autant de semestres que le temps de service à valider comprend d'années entières, sans que le délai accordé pour la libération totale de l'intéressé puisse dépasser cinq ans. A toute époque, les intéressés pourront se libérer par anticipation et par conséquent modifier sur ce point leur demande de validation.

Dans un autre ordre d'idée, il est à remarquer que les fonctionnaires ne supportant plus la retenue « dite de premier douzième », le premier terme de la retenue « dite de stage » sera, à l'avenir, exigible dès expiration du premier mois qui suivra la titularisation au lieu du cinquième mois.

Afin de simplifier les opérations, les versements partiels seront arrondis au montant en francs immédiatement supérieur, le dernier de ces versements comprendra, il va sans dire, le solde de la dette totale.

L'échéance des termes mensuels étant fixée au dernier jour du mois, un ou plusieurs termes sont devenus le 30 juin dernier exigibles des intéressés qui ont présenté avant le 31 mars leur demande d'option.

En possession de la demande des bénéficiaires de l'article 10 de la loi précitée, les Administrations procéderont à la liquidation des retenues légales exigibles, compte tenu, s'il y a lieu, de celles déjà subies en vue de la constitution d'une rente viagère par la Caisse nationale des retraites pour la vieillesse, et prendront les dispositions nécessaires pour en faire assurer le recouvrement, soit par fractions, soit en seul terme, conformément au mode de libération choisi par l'intéressé.

Le recouvrement des retenues sera opéré dans des conditions différentes suivant que le fonctionnaire est encore en activité de service ou qu'il a cessé ses fonctions; il sera assuré dans le premier cas par voie de précompte mensuel sur le traitement du fonctionnaire intéressé, dans le second cas au moyen d'un titre de perception.

Précompte sur mandat. — Bien que ce précompte doive s'exercer suivant une marche sensiblement analogue à celle tracée en 1911 pour l'encaissement des retenues de stage perçues en exécution de l'article 85 de la loi du 8 avril 1910 lors de la titularisation des agents tributaires de la loi du 9 juin 1853, il me paraît préférable d'indiquer dans leur ensemble les règles adoptées.

Afin de permettre à la Cour des comptes d'exercer son contrôle et aux trésoriers généraux de s'assurer que le recouvrement des produits de l'espèce s'effectue avec régularité, sans erreur, ni omission, lorsqu'un agent titulaire aura à verser la première fraction de la retenue rétroactive ou passera d'un département dans un autre, ou reprendra la série interrompue de ses versements, l'ordonnateur devra joindre à la première ordonnance ou au premier mandat de traitement sur lequel un prélèvement est opéré, un bulletin conforme au modèle n° 1 ci-joint, indiquant la situation dudit agent au point de vue de l'application de l'article 10 de la loi du 14 avril 1924.

Les ordonnances et mandats de traitements sur lesquels des retenues seront précomptées, ou, en cas d'ordonnancement collectif, les états d'émargement y annexés, mentionneront d'une façon très apparente le numéro d'ordre (1er acompte, 2e acompte, etc.) et le montant de la fraction de retenue à recouvrer sur chaque fonctionnaire, retenue dont il sera tenu compte pour la détermination du montant net à payer.

Lorsque toutes les retenues exigibles auront été précomptées, l'ordonnateur qui aura procédé au précompte du solde de ces retenues établira, dans la forme du modèle 2 ci-joint, un certificat de versement qui, après visa du comptable sur la caisse duquel a été ordonnancé le traitement, sera joint au dossier de l'agent pour justifier le versement intégral des retenues correspondant aux services dont la validation a été demandée.

Si avant parfait payement des retenues, l'agent passait d'une Administration dans une autre, ou changeait de département, les dispositions utiles seraient prises pour assurer l'exacte perception des termes non acquittés; dans ce but, il serait adressé à l'ordonnateur chargé d'assurer à l'avenir le mandatement du traitement, un cert' ficat modèle 2 visé par le comptable chargé de la centralisation des mandats de payement comportant le précompte des retenues. Ce certificat, annoté des opérations postérieures, serait, lors de la perception du solde ou en cas de nouvelles modifications dans la situation du fonctionnaire, utilisé, comme il est dit ci-dessus, pour justifier la libération de l'intéressé.

Recouvrement par titre de perception. — Ce mode de recouvrement sera utilisé toutes les fois qu'il sera impossible de procéder par voie de précompte sur les émoluments, notamment à l'égard des fonctionnaires en instance de pension et ayant cessé leurs fonctions, en congé, en non-activité ou en disponibilité, touchant un traitement réduit. Ces titres, qui mentionneront les noms, prénoms et domicile du redevable, et le décompte des sommes dues, compte tenu le cas échéant des retenues déjà exercées par voie de précompte sur un traitement, me seront adressés sous le timbre de la Direction de la Comptabilité publique (bureau des trésoriers généraux) pour être transmis aux comptables aux fins de prise en charge.

Je vous signale, dès maintenant, que les versements à effectuer par les agents en service détaché aux colonies ou à l'étranger seront, suivant les règles en vigueur, à cet égard, centralisés par le receveur central des finances de la Seine.

Une déclaration de versement global constatant l'encaissement des termes mis en recouvrement sur titre de perception sera adressée aux ordonnateurs par les comptables, après recouvrement total des retenues exigibles.

Vous remarquerez que les deux modes de recouvrement indiqués ci-dessus peuvent être utilisés pour le même agent, lorsque, par exemple, celui-ci aura cessé ses fonctions ou aura été admis à faire valoir ses droits à la retraite avant parfait payement des retenues.

Si l'agent cesse ses fonctions par suite de sa mise en congé, en disponibilité avec traitement ou en position de service détaché, le bulletin modèle 2 le concernant sera immédiatement établi, ainsi qu'un titre de perception, et adressé pour recouvrement avec celui-ci dans les conditions indiquées plus haut. Pour les agents admis à faire valoir leurs droits à la retraite, deux hypothèses doivent être envisagées :

a. Le fonctionnaire est maintenu en activité de service conformément aux dispositions de l'article 28 de la loi du 31 décembre 1920 jusqu'à la remise de son livret de pension. En raison du mode de recouvrement par voie de précompte sur les émoluments, le fonctionnaire admis à faire valoir ses droits à la retraite doit normalement avoir subi, chaque mois, la retenue des termes exigibles; il suffira donc d'exercer le précompte de ceux venant à échéance jusqu'à l'envoi du dossier de liquidation de la pension à la Direction de la Dette inscrite. A ce moment, le bulletin modèle 2 sera arrêté et

2.

transmis dans les conditions indiquées précédemment; la somme restant due, dont le montant sera mentionné sur le bordereau de liquidation, fera l'objet d'un titre de perception joint audit bordereau. Ce titre sera envoyé par les soins de la Direction de la Dette inscrite au trésorier-payeur général chargé d'effectuer les précomptes sur les premiers arrérages de la pension.

Il va sans dire que le recouvrement du solde exigible, dont le montant est arrêté *ne varietur* devant être assuré par voie de précompte sur les arrérages de la pension, il ne sera plus, sauf en cas de décès avant entrée en jouissance de la pension, exercé de retenues sur le traitement du fonctionnaire.

b. Le fonctionnaire remet son service avant d'être en possession de son livret de pension. Lors de la cessation de ses fonctions, le fonctionnaire fera connaître la caisse à laquelle il entend effectuer aussi bien le versement des termes de retenue qui viendront à échéance entre l'époque de sa remise de service et celle de la liquidation de sa pension que la perception des premiers arrérages de sa pension. Dans ce cas, l'ordonnateur arrêtera et transmettra, comme il a déjà été dit, le bulletin modèle 2, déterminera le montant des retenues non perçues et avisera le trésorier-payeur général intéressé (ou le receveur central des finances s'il s'agit du département de la Seine), du nombre et du montant des termes dont il devra assurer l'encaissement sans titre de perception.

Ultérieurement, lors de la liquidation de la pension, un titre de perception sera délivré et transmis dans les conditions indiquées ci-dessus à l'appui du bordereau de liquidation; mais ce titre sera annoté des versements effectués par l'agent depuis la cessation de ses fonctions; dans ce but, les trésoriers-payeurs généraux adresseront aux ordonnateurs une déclaration des versements ainsi opérés; le bordereau de liquidation ne mentionnera que le montant des retenues restant à précompter, montant qui, il va sans dire, ne devra correspondre qu'à des termes non encore exigibles.

S'il advenait que le fonctionnaire ait effectué le versement intégral des retenues avant que la liquidation de sa pension puisse être opérée, le titre de perception serait, par dérogation aux règles ci-dessus, transmis à mon Département sous le timbre du bureau des trésoriers-payeurs généraux.

Je vous signale que si, pour une cause quelconque, il y avait, avant parfait payement des retenues rétroactives, rupture du lien rattachant l'agent titulaire à l'Administration, la somme due au Trésor redeviendrait immédiatement exigible pour la totalité, ou pour le reliquat, et le recouvrement pourrait en être poursuivi jusqu'à due concurrence sur les sommes restant dues aux fonctionnaires.

Si, au moment où se poursuit la rupture, le reliquat du traitement était insuffisant pour couvrir la dette de l'agent, il ne serait exercé aucune poursuite contre lui, ni contre ses représentants.

Toutefois, si l'agent rayé définitivement des cadres était ultérieurement réintégré dans le même emploi ou dans un emploi différent, le complément non versé des retenues auquel il était assujetti serait perçu intégralement au moment du payement des premières mensualités.

En ce qui concerne les fonctionnaires ayant cessé temporairement leurs fonctions, soit pour remplir leurs obligations militaires, soit pour cause de maladie, il ne sera pas fait application des dispositions ci-dessus relatives à l'imputation intégrale du reliquat exigible des retenues sur le prorata de traitement acquis au moment de la cessation des services. Mais quand ces agents seront réintégrés dans leurs fonctions ou dans des fonctions différentes, le prélèvement sera repris par fractions à partir de l'échéance du premier traitement mensuel complet.

Enfin, faute par les intéressés d'effectuer aux époques fixées les versements qui leur seraient réclamés en vertu de titres de perception, les poursuites par toutes les voies de droit pourraient être exercées contre eux tant qu'ils n'auraient pas été définitivement rayés des cadres.

Il convient d'ailleurs de signaler que les services pour lesquels la retenue correspondante n'aura pas été intégralement versée ne seront pas considérés comme validés et, par suite, n'ouvriront aucun droit à pension.

RAOUL PÉRET.

MINISTÈRE.

SOUS-SECRÉTARIAT.

MODÈLE N° 1.

BULLETIN DE RENSEIGNEMENT.

RETENUES RÉTROACTIVES.

(Application de l'article 10 de la loi du 14 avril 1924)

Nom de l'agent :
Prénoms :
Qualité :
Traitement initial de fonctionnaire titulaire :

	ANS.	MOIS.	JOURS.
Durée des services à valider { du ... au			
du ... au			
du ... au			
TOTAL.......................			

MONTANT total de la retenue........fr.

A déduire : retenues précédemment effectuées et versées à la Caisse nationale des retraites pour la vieillesse....fr.

NET à retenir......................

Mode de versement [1] { Versement unique ....
Versement en [2] fractions.......

MONTANT de chaque terme...........

Nombre et montant dans le département de   fr.
total des acomptes dans le département de   fr.
déjà versés { dans le département de   fr.

TOTAL........ ....

Certifié exact :

le [3]

---

[1] Biffer l'une des deux mentions.
[2] Indiquer le nombre de fractions.
[3] Désignation de l'ordonnateur et signature.

MINISTÈRE.

SOUS-SECRÉTARIAT.

MODÈLE N°.2.

CERTIFICAT DE VERSEMENT.

RETENUES RÉTROACTIVES.
(Application de l'article 10 de la loi du 14 avril 1924.)

Nom de l'agent :
Prénoms :
Qualité :
Traitement initial de fonctionnaire titulaire :

	ANS.	MOIS.	JOURS.
Durée des services à valider { du ... au			
du ... au			
du ... au			
TOTAL........................			

MONTANT total de la retenue........fr.
À déduire : retenues précédemmet effectuées et versées à la Caisse nationale des retraites pour la vieillesse.......

NET à retenir.....................
Mode de versement (1) { Versement unique ....
Versement en (2) fractions......

MONTANT de chaque terme...........

Certifié exact :
le (3)

(1) Biffer l'une des deux mentions.
(2) Indiquer le nombre de fractions.
(3) Désignation de l'ordonnateur et signature.

Décompte des encaissements :
(1) termes dans le département d   fr.
Arrêté à la somme de   (en lettres).
À   , le   19 .
Le

(2) termes dans le département d   fr.
Arrêté à la somme de   (en lettres).
À   , le   19 .
Le

(3) termes dans le département d   fr.
Arrêté à la somme de   (en lettres).
À   , le   19 .
L

TOTAL des précomptes ....
RETENUES non recouvrées............

TEXTES

RÉGISSANT LA VALIDATION DES SERVICES.

1° *Loi du 14 avril 1924, article 10.*

Les services civils y compris les services auxiliaires, temporaires ou d'aide accomplis dans différents établissements ou administrations de l'État, ne sont comptés qu'à partir de l'âge de 18 ans, sous réserve du versement rétroactif, lors de l'admission définitive dans les cadres, des retenues légales calculées sur le traitement initial de fonctionnaire titulaire.

L'article 85 de la loi du 8 avril 1910 est applicable au temps de surnumérariat ou de stage accompli après l'âge de 18 ans.

Pourront faire état, pour la retraite, des services visés aux précédents paragraphes, les fonctionnaires titulaires en exercice lors de la promulgation de la présente loi.

2° *Règlement d'administration publique du 2 septembre 1924, article 17.*

Les services de surnuméraire, de stagiaire, d'auxiliaire, de temporaire ou d'aide, accomplis dans les établissements ou administrations de l'État, lorsqu'ils auront été régularisés par le payement des retenues rétroactives, placeront l'intéressé, au point de vue du droit à la retraite et du payement des retenues, dans la situation où il se serait trouvé s'il avait été titularisé dès l'origine de ces services.

Les retenues rétroactives doivent être versées pour la totalité des services visés au premier paragraphe, qu'ils aient été continus ou discontinus.

Les retenues sont calculées à raison de 5 p. 100 pour la période antérieure au 17 avril 1924, de 6 p. 100 à partir du 17 avril 1924, sur le traitement initial effectivement touché par le fonctionnaire lorsqu'il a été titularisé.

Toutefois, le cas échéant, seront déduites des retenues à verser celles qui auraient été effectuées à raison des services prévus au premier paragraphe du présent article. La rente viagère correspondant à ces versements et à la bonification de l'État viendra en déduction du montant de la pension, cette rente étant calculée, pour les agents ayant effectué les versements à capital réservé comme si ces versements avaient été effectués à capital aliéné. Un décret rendu sur la proposition du Ministre des Finances réglera les modalités d'exécution du présent paragraphe.

Les fonctionnaires titulaires pourront dans un délai d'un an, à dater de la publication du présent règlement, faire connaître, par lettre adressée au ministre dont ils relèvent, lettre dont il sera accusé réception, s'ils entendent bénéficier de la faculté prévue aux précédents paragraphes. Pour les agents qui seraient titularisés après la publication de ce règlement, ce délai d'un an courra à dater du jour de leur titularisation.

Les retenues rétroactives pourront, si la période à laquelle elles s'appliquent est inférieure à deux ans, faire l'objet de douze versements mensuels, le premier échéant à l'expiration du troisième mois complet écoulé depuis la demande. Si ladite période est égale ou supérieure à deux ans, les retenues seront acquittées par des versements mensuels échelonnés sur autant de semestres que le temps de service à valider comprend d'années entières, sans que le délai accordé pour la libération totale de l'intéressé puisse dépasser cinq années. A toute époque, les intéressés pourront se libérer par anticipation. Les sommes non encore exigibles et restant dues au jour de la concession de la pension seront précomptées sur les arrérages de la retraite sans que ce prélèvement, du vivant du pensionnaire, puisse réduire ces arrérages de plus d'un cinquième.

Dans chaque ministère, des arrêtés contresignés par le Ministre des Finances détermineront la nature et le point de départ des services à admettre pour l'application des dispositions qui précèdent.

3ᵉ Instruction de M. le Ministre des Finances,
en date du 12 octobre 1924, article 10.

ARTICLE 10.
(Art. 17 du règlement.)

La loi nouvelle autorise la validation dans des conditions plus larges que les textes antérieurs, des services rendus par les fonctionnaires titulaires, à l'origine de leur carrière, en qualité de surnuméraires, de stagiaires, d'auxiliaires, de temporaires ou d'aides.

L'article 17 du règlement fixe les modalités d'application de cette validation : le principe général est que l'intéressé devra se trouver placé au point de vue des droits à la retraite et au point de vue des retenues, dans la même situation que s'il avait été titularisé dès l'origine de ses services; s'il veut bénéficier des dispositions de l'article 10, il sera donc redevable de la totalité des retenues rétroactives, sans avoir la faculté de limiter la validation à une partie seulement des services admis à validation.

Les retenues seront calculées d'après le traitement initial effectivement touché au moment de la titularisation, y compris les suppléments de traitements ou indemnités, si ces suppléments étaient soumis à retenue au moment de la titularisation.

Mais il se peut que les intéressés, pour les périodes admises à validation, aient déjà été affiliés à un régime de retraite : ils conserveront en ce cas le bénéfice des versements effectués à leur compte; la rente viagère correspondant à ces versements viendra en déduction de leur pension. Un décret réglera les conditions très délicates de cette déduction dans des conditions analogues à celles qui ont été déjà prévues, pour un cas semblable, par un règlement d'administration publique du 26 juillet 1924.

Le règlement admet que la pension peut être concédée avant que toutes les sommes dues au titre des versements rétroactifs aient été payées au Trésor; mais toutes les sommes *exigibles* aux termes de l'avant-dernier paragraphe de l'article 17 devront avoir été payées. C'est seulement pour les sommes non encore exigibles au jour de la concession que les payements pourront n'intervenir qu'après cette concession : ces sommes seront précomptées sur les premiers arrérages de la retraite.

Au moment de la liquidation, les services chargés de cette opération devront s'assurer que les sommes exigibles à la date de la transmission du dossier ont été payées et, en cas de non-payement, surseoir à la liquidation. Si des sommes non exigibles restent dues, leur montant sera mentionné sur le bordereau de liquidation et sur le livret de pension, afin que les payeurs puissent procéder au précompte prévu par le règlement.

Les fonctionnaires, au moment de leur titularisation, peuvent demander la validation des services visées à l'article 10 dans le délai d'un an à dater de cette titularisation. Quant aux fonctionnaires titulaires en exercice au jour de la promulgation de la loi du 14 avril 1924, le délai d'un an court à dater de la publication du règlement.

Pour l'interprétation du dernier paragraphe de l'article 10 de la loi, il y aura lieu de considérer comme fonctionnaire «en exercice» tous les agents ayant conservé un lien avec l'administration et n'étant pas placés dans la position de retraite.

Le dernier paragraphe de l'article 17 du règlement prévoit que, dans chaque ministère, des arrêtés contresignés par le Ministre des Finances détermineront la nature et le point de départ des services à admettre à validation par application de l'article 10 de la loi. Ces arrêtés devront s'inspirer des considérations ci-après :

Il y aura lieu d'admettre tout d'abord à validation les périodes constituant un temps de service probatoire et comportant vocation à un emploi de titulaire : services de stage, de surnumérariat, de suppléance pour les juges près les tribunaux de première instance et pour les catégories similaires (attachés à la chancellerie dans les conditions prévues par l'article 15 du règlement d'administration publique du 30 décembre 1884).

D'autre part, les services rendus en qualité d'auxiliaire, de temporaire ou d'aide, cette dernière dénomination visant spécialement certains agents des postes, pourront être validés même lorsqu'ils ne comportent pas vocation à la titularisation, s'ils répondent aux conditions suivantes :

a. Avoir été rendus à l'État et, si les services ont été rémunérés, avoir été payés sur des crédits budgétaires, ce qui exclut les services rendus à des collectivités publiques autres que l'État ou ceux rendus par des agents ne dépendant pas directement de l'État et n'étant que des préposés personnels de certains fonctionnaires ou officiers ministériels ;

b. Avoir été rendus à l'exclusion de toute autre profession, ce qui écarte certains agents qui ne consacrent pas tout leur temps à leurs fonctions ou qui prêtent leur concours au public en même temps qu'à l'État ;

c. Avoir conduit à la titularisation. Les services auxiliaires ou temporaires n'ouvrent pas en effet par eux-mêmes droit à pension. Ils ne sont investis de ce droit, rétroactivement, qu'au titre d'une titularisation subséquente. Il en résulte que la validation de périodes de services auxiliaires qui n'auraient pas été immédiatement suivis d'une titularisation ne peut être admise ; mais on admettra que les services rendus dans des administrations différentes, par exemple par des auxiliaires passant d'une administration dans une autre, peuvent être validés lorsque la titularisation est intervenue sans qu'il y ait eu interruption des services rendus à l'État.

INSTRUCTIONS

relatives aux conditions d'affiliation au régime des pensions civiles des nouvelles catégories de personnels admis au bénéfice de la loi du 14 avril 1924 en exécution des dispositions de l'article 69 de ladite loi.

LE MINISTRE L'INSTRUCTION PUBLIQUE ET DES BEAUX-ARTS

à Messieurs les Recteurs, Préfets, Inspecteurs d'académie, Directeurs des Grands établissements scientifiques et littéraires, Chefs d'établissements, Chefs de service.

J'ai l'honneur de vous adresser ci-joint :

1° Copie d'un décret en date du 25 août 1926 publié au *Journal officiel* du 1ᵉʳ septembre 1926 pris en exécution des dispositions de l'article 69 de la loi du 14 avril 1924 qui a déterminé les catégories de personnels relevant du Ministère de l'Instruction publique et des Beaux-Arts qui, en raison du caractère permanent des besoins auxquels répondent leurs emplois, ont été admis au bénéfice de la loi précitée.

2° Copie d'un décret du 13 novembre 1925 publié au *Journal officiel* du 18 novembre 1925 réglant l'imputation sur la pension civile de la rente viagère acquise au titre des services validés rétroactivement pour la retraite.

3° Copies d'instructions de M. le Ministre des Finances en date des 24 janvier, 2 juillet, 12 août et 2 septembre 1926 relatives aux conditions d'application des décrets susvisés.

Ces différents textes appellent les remarques suivantes :

1° Les fonctionnaires limitativement énumérés dans le décret du 25 août 1926 admis au bénéfice de la loi du 14 avril 1924 *ne doivent pas être affiliés d'office au nouveau régime des pensions civiles.* Ils ont un délai d'un an à dater du 1ᵉʳ septembre 1926 pour faire connaître s'ils entendent renoncer au bénéfice de ladite loi.

2° Les retenues rétroactives seront effectuées dans les conditions fixées par l'article 4 du décret du 13 novembre 1925 et l'instruction de M. le Ministre des Finances du 2 juillet 1926.

Le recouvrement sera opéré par voie de précompte mensuel sur le traitement des intéressés par les soins du liquidateur du traitement. Elles seront calculées à raison de 5 p. 100 jusqu'au 16 avril 1924 et de 6 p. 100 à partir du 17 avril 1924, déduction faite des retenues que les intéressés auraient déjà subies sous leur régime de retraite antérieur.

Il est rappelé que les retenues de 5 p. 100 doivent comprendre celles du premier douzième.

3° Afin d'éviter les opérations délicates et compliquées de la perception des arrérages des rentes qui seraient acquises aux intéressés antérieurement à l'entrée en jouissance de la pension civile, il y aura lieu de procéder à l'ajournement de ces rentes jusqu'à la date de leur admission à la retraite.

Vous voudrez bien veiller à ce que l'affiliation au régime des pensions civiles des bénéficiaires de l'article 69 de la loi du 14 avril 1924 s'opère régulièrement conformément aux présentes instructions.

ÉDOUARD HERRIOT

DÉCRET

du 25 août 1926 fixant les catégories de personnel admises au bénéfice des dispositions de la loi du 14 avril 1924 sur les pensions.

— — —

Le Président de la République française,

Sur le rapport du Ministre de l'Instruction publique et des Beaux-Arts et du Président du Conseil, Ministre des Finances;

Vu l'article 69 de la loi du 14 avril 1924 ainsi conçu :

«Dans chaque ministère, un règlement d'administration publique déterminera, dans les six mois de la promulgation de la présente loi, les catégories de personnels dont les emplois, quelle que soit leur dénomination présente, répondent à des besoins permanents et qui en conséquence, devront être admises au bénéfice des dispositions de la présente loi»;

Le Conseil d'État entendu,

Décrète :

Art. 1ᵉʳ. Outre les personnels antérieurement placés sous le régime de la loi du 9 juin 1853, les catégories de personnels ressortissant au ministère de l'Instruction publique et des Beaux-Arts qui, en raison du caractère permanent des besoins auxquels répondent leurs emplois, sont admises au bénéfice des dispositions de la loi du 14 avril 1924, portant réforme du régime des pensions civiles et des pensions militaires, sont les suivantes :

1° *Administration centrale.*

(Instruction publique et Beaux-Arts.)

Auxiliaires et employés permanents, dames sténodactylographes, dames téléphonistes.

2° *Archives nationales.*

Dames sténodactylographes.

3° *Services extérieurs.*

Secrétaire du bureau des renseignements scientifiques de l'Université de Paris.

4° *Enseignement supérieur.*

Personnel de service des Facultés et Universités. Agents du cadre spécial et du cadre ordinaire. Appariteurs.

Garçons de bureau et concierges des administrations académiques.

Expéditionnaires, sténodactylographes. Brigadier des gardiens, gardiens et gardiens-concierges de la bibliothèque et musée de la guerre.

Sténodactylographes, agents permanents. Chefs de service, assistants de laboratoire et contremaîtres de l'office national des inventions.

Agents permanents. Chefs d'ateliers. Lingère, infirmière, cuisinier. Gardiens de salle, de bibliothèque, de laboratoire et de vestibule de l'école normale supérieure.

Jardiniers permanents, jardiniers auxiliaires, ouvrier taxidermiste et manœuvres du Muséum d'histoire naturelle.

Employés auxiliaires de l'Institut de France.

Agents secondaires du Collège de France.

Agents secondaires de l'observatoire de Paris.

5° *Enseignement primaire.*

Professeurs adjoints, instituteurs et institutrices adjoints délégués précédemment maîtres ou maîtresses auxiliaires et admis dans les cadres permanents en application de l'article 69, paragraphes 14 et 16 de la loi du 30 avril 1921. Maîtres ouvriers et maîtresses ouvrières des écoles normales et des écoles primaires supérieures assimilés aux instituteurs-adjoints, aux professeurs adjoints et aux professeurs des écoles primaires supérieures.

Dames sténodactylographes, auxiliaires permanents des bureaux d'inspection académique.

Instituteurs et institutrices chargés de remplacement dans les communes suburbaines du département de la Seine.

Personnel ci-après désigné du musée pédagogique :

Dame chargée du service intérieur et des fonctions de commis d'ordre et de comptabilité. Agents (hommes et femmes) chargés des travaux de dactylographie, copies, calculs et classements. Gardiens de bureau, gardiens de musée, concierge.

6° *Beaux-Arts.*

Gardiens chefs et gardiens des monuments historiques. Archiviste et commis archiviste des archives photographiques des beaux-arts. Opérateurs photographes.

Secrétaire et employé aux écritures du service du contrôle des films cinématographiques.

Personnel auxiliaire permanent ci-après désigné relevant des musées nationaux :

Chefs ouvriers et assimilés. Surveillant des eaux. Brigadier fumiste. Chef de l'atelier de menuiserie. Chef de l'atelier de réparations d'objets d'art. Chef marbrier. Dame sténodactylographe. Chef de l'atelier et ouvrier menuisier du musée de Saint-Germain.

Agents titulaires de la manufacture de Sèvres, du musée et de l'école de céramique y annexés régis par les décrets des 26 février 1920 et 27 mars 1921.

Art. 2. Le Ministre de l'Instruction publique et des Beaux-Arts et le Président du Conseil, Ministre des Finances, sont chargés, chacun en ce qui le concerne, de l'exécution du présent décret, qui sera inséré au *Journal officiel.*

Fait à Rambouillet, le 25 août 1926.

GASTON DOUMERGUE.

Par le Président de la République :

<table>
<tr><td>Le *Ministre de l'Instruction publique et des Beaux-Arts,*
ÉDOUARD HERRIOT.</td><td>Le *Président du Conseil,*
Ministre des finances,
RAYMOND POINCARÉ.</td></tr>
</table>

DÉCRET

du 13 novembre 1925 réglant l'imputation sur la pension civile de la rente viagère acquise au titre de services validés rétroactivement pour la retraite (application des articles 17, § 4, et 25, § 4, du règlement d'administration publique du 2 septembre 1924).

RAPPORT.

AU PRÉSIDENT DE LA RÉPUBLIQUE FRANÇAISE.

Paris, le 13 novembre 1925.

MONSIEUR LE PRÉSIDENT,

L'article 10 de la loi du 14 avril 1924 autorise la validation, dans des conditions plus larges que les textes antérieurs, des services rendus par les fonctionnaires titulaires, à l'origine de leur carrière, en qualité de surnuméraires, de stagiaires, d'auxiliaires, de temporaires ou d'aides.

Mais il se peut que les intéressés, pour les périodes admises à validation, aient été déjà affiliés à un régime de retraites. Selon les dispositions de l'article 17 du règlement d'administration publique du 2 septembre 1924, ils conserveront en ce cas le bénéfice des versements effectués à leur compte, la rente viagère correspondant à ces versements venant en déduction de la pension.

Le titre Ier du présent décret a pour objet de préciser les conditions de cette déduction, l'article 1er de ce titre réglant la déduction de la rente viagère dans le cas général où la jouissance de la rente intervient soit antérieurement, soit postérieurement à celle de la pension, tandis que l'article 2 vise le cas particulier où la rente est acquise dès avant l'entrée en jouissance de la pension.

Le titre II du présent décret, qui forme le complément de l'article 25 du règlement d'administration publique du 2 septembre 1924, applique des principes analogues en vue de régler la situation des agents qui n'étaient pas assujettis à la loi du 9 juin 1853 et auxquels la loi du 14 avril 1924 serait reconnue applicable au titre des règlements d'administration publique qui seront pris en exécution de l'article 69 de ladite loi.

Je vous prie d'agréer, Monsieur le Président, l'hommage de mon profond respect.

Le Président du Conseil,
Ministre des Finances,

PAUL PAINLEVÉ.

DÉCRET.

Le Président de la République française,

Sur le rapport du Président du Conseil, Ministre des Finances,

Vu la loi du 14 avril 1924, portant réforme du régime des pensions civiles et des pensions militaires, et notamment les articles 10 et 69 de ladite loi ;

Vu le règlement d'administration publique du 2 septembre 1924 pour l'exécution de ladite loi ;

Vu le règlement d'administration publique du 26 juillet 1924,

Décrète :

TITRE Iᵉʳ.

AGENTS VISÉS PAR LES ARTICLES 10 DE LA LOI DU 14 AVRIL 1924 17 DU RÈGLEMENT D'ADMINISTRATION PUBLIQUE DU 2 SEPTEMBRE 1924.

Art 1ᵉʳ. Dans les cas prévus par l'article 10 de la loi du 14 avril 1924 et l'article 17 du règlement d'administration publique du 2 septembre 1924, la rente viagère correspondant aux versements réglementaires effectués antérieurement tant au profit de l'agent qu'à celui de son conjoint sera déduite de la pension acquise au titre de la loi du 14 avril 1924 dans les conditions ci-après :

Cette rente viagère sera calculée, pour les agents qui auraient effectué des versements à capital réservé, comme si ces versements avaient été faits à capital aliéné.

La rente viagère dont la jouissance interviendrait antérieurement à l'admission à la retraite de l'agent intéressé sera ajournée, le cas échéant, dans les conditions prévues par le règlement de retraite qui le régissait précédemment.

La pension civile ne sera réduite du montant de la rente qu'à dater du jour d'entrée en jouissance de cette rente.

En cas de prédécès de la femme, la part de pension correspondant à la rente viagère acquise par elle sera rétablie au profit de l'agent.

ART. 2. Au cas où une rente serait acquise, soit à l'agent, soit à son conjoint, antérieurement à l'entrée en jouissance de la pension civile, l'administration dont relève l'agent conservera les titres de rente et en percevra les arrérages lors de chaque échéance.

Si les arrérages de la rente sont déjà venus à échéance, l'intéressé aura la faculté de se libérer, soit par le versement en capital des arrérages échus, soit par l'abandon sur sa pension d'une somme équivalente à la rente qui lui serait acquise, s'il avait versé le montant desdits arrérages à la caisse à laquelle il était affilié, à capital aliéné et au jour de son admission à la retraite.

ART. 3. Dans le cas où la veuve ou la femme divorcée, étant titulaire d'une rente viagère, viendrait à bénéficier, en cette qualité, d'une pension de la loi du 14 avril 1924, la pension serait réduite du montant de ladite rente.

TITRE II.

AGENTS VISÉS PAR LES ARTICLES 69 DE LA LOI DU 14 AVRIL 1924 ET 25 DU RÈGLEMENT D'ADMINISTRATION PUBLIQUE DU 2 SEPTEMBRE 1924.

ART. 4. Les agents qui n'étaient pas assujettis à la loi du 9 juin 1853 et auxquels la loi du 14 avril 1924 est applicable verseront les retenues rétroactives dans les conditions ci-après :

Les retenues devront être versées pour la totalité des services accomplis par les intéressés antérieurement à leur affiliation au régime général des retraites.

Les retenues seront calculées dans les conditions prévues par la loi du 9 juin 1853 pour la période antérieure au 17 avril 1924 et à raison de 6 p. 100 à partir du 17 avril 1924 sur les émoluments successivement perçus par les intéressés.

Toutefois, le cas échéant, seront déduites des retenues à verser les retenues réglementaires qui auraient été versées par ces agents sous leur régime de retraite antérieur.

Les agents susvisés pourront, dans un délai d'un an à dater de la publication du règlement d'administration publique rendu en exécution de l'article 69 de la loi du 14 avril 1924 et concernant la catégorie de personnel à laquelle ils appartiennent, faire connaître, par lettre adressée au Ministre dont ils relèvent, lettre dont il sera accusé réception, s'ils entendent renoncer au bénéfice de la loi du 14 avril 1924.

Les retenues rétroactives pourront, si la période à laquelle elles s'appliquent est inférieure à deux ans, faire l'objet de douze versements mensuels, le premier échéant à l'expiration du troisième mois complet écoulé depuis la date de publication du règlement visé au précédent paragraphe. Si ladite période est égale ou supérieure à deux ans, les retenues seront acquittées par des versements mensuels échelonnés sur autant de semestres que le temps de service à valider comprend d'années entières, sans que le délai accordé pour la libération totale de l'intéressé puisse dépasser cinq années. A toute époque, les intéressés pourront se libérer par anticipation. Les sommes non encore exigibles et restant dues au jour de la concession de la pension seront précomptées sur les arrérages de la retraite sans que ce prélèvement, du vivant du pensionnaire, puisse réduire ces arrérages de plus d'un cinquième.

ART. 5. La pension ou la rente viagère correspondant aux versements réglementaires effectués antérieurement tant au profit de l'agent qu'à celui de son conjoint sera déduite de la pension acquise au titre de la loi du 14 avril 1924, dans les conditions prévues aux articles 1ᵉʳ, 2 et 3 du présent décret.

ART. 6. Le Président du Conseil, Ministre des Finances, est chargé de l'exécution du présent décret, qui sera publié au *Journal officiel* et inséré au *Bulletin des lois*.

Fait à Paris, le 13 novembre 1925.

GASTON DOUMERGUE.

Par le Président de la République :

Le Président du Conseil,
Ministre des Finances,
PAUL PAINLEVÉ.

INSTRUCTION

du Ministre des Finances du 24 janvier 1926 pour l'application du décret du 13 novembre 1925 réglant l'imputation sur la pension civile de la rente viagère correspondant à des services validés pour la retraite (art. 17 et 25 du règlement du 2 septembre 1924).

Un décret du 13 novembre 1925 (*Journal officiel* du 18 novembre), pris en vertu des articles 17, quatrième paragraphe, et 25, quatrième paragraphe, du règlement d'administration publique du 2 septembre 1924, a précisé les conditions dans lesquelle devait être effectuée l'imputation sur la pension civile de la rente viagère correspondant aux services validés pour la retraite par les fonctionnaires et employés civils visés par les articles 10 et 69 de la loi du 14 avril 1924.

La présente instruction a pour objet de donner des indications complémentaires propres à faciliter l'application des dispositions de ce décret.

Titre Ier. — Les dispositions contenues dans ce titre, et qui règlent les modalités d'imputation de la rente viagère sur la pension civile, sont inspirées des dispositions du décret du 26 juillet 1924 intervenu pour l'application de l'article 113 de la loi du 30 juin 1923 (commis des trésoreries générales, des recettes des finances, des perceptions, etc.).

L'effet des articles 10 et 69 de la loi du 14 avril 1924 à l'égard des agents qui sollicitent la validation de leurs services rendus avant leur titularisation ou avant leur affiliation au régime général des retraites est de placer les intéressés dans la situation où ils se seraient trouvés s'ils avaient été, dès l'origine de ces services, titularisés ou affiliés audit régime. Leur rente viagère doit donc être considérée comme partie intégrante de la pension civile et par voie de conséquence le cumul de cette rente avec un traitement d'activité devient impossible.

A cet effet, le décret susvisé dispose que la jouissance de la rente est différée jusqu'à l'entrée en jouissance de la pension (art. 1er); si la rente est déjà acquise, ainsi qu'il sera précisé plus loin, les arrérages en sont, pour l'avenir, perçus par l'administration — pour le passé, versés par l'intéressé (art. 2).

Le deuxième paragraphe de l'article 1er prévoit que la rente viagère sera calculée, pour les agents qui auraient effectué des versements *à capital réservé*, comme si ces versements avaient été faits *à capital aliéné*.

Il appartiendra à chacune des administrations intéressées d'effectuer à cet égard les calculs fictifs nécessaires d'accord avec la caisse à laquelle l'agent était antérieurement affilié.

Le troisième paragraphe de l'article 1er règle le cas où la *jouissance de la rente viagère est antérieure à celle de la pension civile* et prévoit la mise en œuvre, dans cette hypothèse, de la procédure de *l'ajournement*, c'est-à-dire du recul de l'entrée en jouissance de la rente à une date aussi rapprochée que possible de celle de l'entrée en jouissance de la pension civile, dans les conditions prévues par le règlement qui régissait l'agent intéressé avant son affiliation au régime général des retraites.

La procédure de l'ajournement implique évidemment, comme contrepartie, celle du *désajournement*, qui permettra de liquider la rente viagère avant l'expiration du délai qui avait été fixé pour l'ajournement dans le cas où la pension civile se trouverait concédée avant l'époque qui avait été primitivement envisagée.

Il appartiendra aux administrations intéressées de prendre l'initiative de la procédure d'ajournement et de désajournement en se conformant notamment, pour les agents antérieurement affiliés à la caisse nationale des retraites, aux prescriptions des articles 16 de la loi du 20 juillet 1886, modifié par l'article 45 de la loi du 29 mars 1897, et 16 du décret du 26 décembre 1918.

Il est rappelé à cet égard que les déclarations d'ajournement ne sont reçues que dans le trimestre qui précède l'entrée en jouissance de la rente, c'est-à-dire dans le trimestre où se trouve l'anniversaire de naissance du titulaire, et les demandes de désajournement que dans le trimestre qui suit celui où le titulaire a atteint l'âge définitivement choisi pour la délivrance de la rente.

Le quatrième paragraphe règle l'hypothèse inverse de celle prévue par le paragraphe précédent, c'est-à-dire le cas où la *jouissance de la rente intervient à une date postérieure à celle de l'entrée en jouissance de la pension civile*. Étant donné que l'imputation de la rente sur la pension civile ne saurait s'appliquer que dans la mesure où ladite rente est servie, le texte dispose que la pension ne sera réduite du montant de la rente qu'à dater du jour de l'entrée en jouissance de cette dernière.

Le cinquième paragraphe vise le cas où la femme de l'agent décède avant celui-ci.

En vertu du principe exposé ci-dessus, l'imputation de la rente viagère de la femme sur la pension civile de l'agent ne pouvait être maintenue que pendant la période où cette rente était servie. En conséquence, le texte dispose qu'*en cas de prédécès* de la femme, la part de pension correspondant à la rente viagère acquise par elle sera rétablie au profit de l'agent.

Dans le cas de divorce ou de séparation, au contraire, la femme divorcée ou séparée continuant à bénéficier de sa rente viagère, il n'y aura pas lieu de modifier la pension acquise par le mari; en d'autres termes, dans ce cas, l'imputation de la rente viagère du conjoint sur la pension civile de l'agent continuera comme avant le divorce ou la séparation.

Art. 2. Cet article vise le cas où la rente est «acquise» à l'agent ou à son conjoint dès avant l'entrée en jouissance de la pension civile, c'est à-dire le cas où une rente aura par exemple été acquise à l'agent dès avant la mise en vigueur des dispositions du présent décret, et où la procédure de l'ajournement ne pourra pas, par conséquent, être mise en œuvre.

1ᵉʳ paragraphe. — Dans le cas ci-dessus, ainsi que le précise ce paragraphe, l'administration dont relève l'agent se fera remettre ou conservera le titre de rente et en percevra les arrérages lors de chaque échéance.

Ainsi qu'il a été admis d'accord avec la direction générale de la caisse des dépôts et consignations pour l'application des articles 15 de la loi du 30 avril 1920 et 31 de la loi du 29 avril 1921 concernant les fonctionnaires entrés dans les administrations de l'État après l'âge de 30 ans, il suffira à chacune des administrations intéressées, pour recevoir les arrérages de la rente viagère servie par cette caisse, de produire des certificats de vie établis, non par les maires, mais par les chefs de service; ces certificats seront établis sur formule du modèle annexé à la circulaire de la caisse des dépôts et consignations du 12 mars 1923.

2ᵉ paragraphe. — Il règle le cas particulier où, pour le passé, les arrérages de la rente *sont déjà venus à échéance,* c'est-à-dire sont venus à échéance avant la mise en œuvre de la procédure prévue par le premier paragraphe, et prévoit pour l'intéressé deux modes de libération; versement en capital des arrérages échus ou abandon sur sa pension d'une somme équivalente à la rente qui lui serait acquise s'il avait versé le montant desdits arrérages à la caisse à laquelle il était affilié, à capital aliéné et au jour de son admission à la retraite.

Il y a lieu de souligner que le versement des arrérages de la rente ou le mode de libération équivalent sera exigé dans toutes les hypothèses où lesdits arrérages sont déjà venus à échéance, *sans qu'il y ait lieu de s'attacher au fait que l'intéressé a ou n'a pas effectivement perçu les arrérages de sa rente et même si ceux-ci ont été par exemple atteints par la prescription. Il y a là une obligation qui incombera à l'agent du seul fait que ce dernier se réclamera des dispositions des articles 17 et 25 du règlement du 2 septembre 1924, permettant l'entrée en compte pour la retraite des services déjà rémunérés par une rente viagère.*

A défaut de satisfaire à cette obligation, l'intéressé se verra refuser l'entrée en compte dans sa pension civile (constitution du droit et liquidation) des services rémunérés par sa rente.

Dans le cas où l'intéressé demandera à se libérer par voie de versement des arrérages échus, le versement en capital devra être justifié dans les mêmes formes qu'il est justifié actuellement des versements de retenues rétroactives.

En cas d'option de l'agent pour le deuxième mode de libération prévu par le décret, les services liquidateurs auront à établir, d'accord avec la caisse à laquelle l'intéressé était affilié, le montant de la rente qui lui serait acquise s'il avait versé à cette caisse les arrérages échus dans les conditions prévues au présent paragraphe. Une mention comportant déduction de cette rente sur la pension civile devra être portée sur le décret de concession et le titre de ladite pension.

D'autre part, chaque fois qu'il s'agira de rentes acquises antérieurement à l'entrée en jouissance de la pension civile, les administrations provoqueront d'urgence la radiation, par la préfecture compétente, des titulaires de rentes inscrits sur les états de bénéficiaires d'allocations temporaires de la loi du 23 février 1919 et d'indemnité de cherté de vie de la loi du 12 avril 1922. En outre, elles lui demanderont un état indiquant le montant des sommes perçues par chaque intéressé au titre de l'allocation et de l'indemnité susvisées, ainsi que les périodes de perception correspondantes. Cette pièce (ou, à défaut, un certificat négatif signé du préfet) sera jointe au certificat d'avances sur pension à établir, conformément aux instructions en vigueur au moment de la délivrance du titre de la dette inscrite. La récupération des allocations temporaires et indemnités de cherté de vie sera effectuée dans les mêmes conditions que celle des avances, par imputation sur le rappel et, s'il est nécessaire, par voie de retenues du cinquième sur les arrérages trimestriels venant à échéance.

L'administration des finances fournira ultérieurement un modèle de la formule destinée à provoquer la délivrance du certificat préfectoral et à en présenter la teneur.

Art. 3. Cet article a pour objet d'étendre la règle de l'imputation de la rente sur la pension civile à la femme veuve ou divorcée, qui viendrait à bénéficier en cette qualité d'une pension de la loi du 14 avril 1924, alors qu'elle se trouve déjà titulaire d'une rente viagère du chef de son mari.

Titre II. — Ce titre, qui forme le complément de l'article 25 du règlement d'administration publique du 2 septembre 1924, applique aux agents qui seront affiliés au régime général des retraites en vertu des règlements à intervenir, en exécution de l'article 69 de la loi du 14 avril 1924, des règles analogues à celles prévues pour les agents visés par l'article 10 de la loi, tant en ce qui concerne *le calcul et les modalités du versement des retenues rétroactives* (art. 4), *qu'en ce qui concerne l'imputation de la rente viagère sur la pension civile* (art. 5).

Il convient de signaler, au sujet du troisième paragraphe : 1° que les *retenues réglementaires* dont le texte prévoit l'imputation sur les retenues rétroactives à verser, doivent s'entendre des seules retenues — obligatoires ou facultatives — versées au nom de l'agent ou de son conjoint — qui ont donné lieu, au profit de l'agent, à l'attribution d'une bonification de l'État;

2° Que l'imputation dont s'agit reste limitée dans tous les cas à la part «retenues» et ne joue pas pour la part «bonification de l'État», à la différence de la rente viagère «correspond aux *versements réglementaires*», dont l'article 1ᵉʳ (§ 1ᵉʳ) prévoit l'imputation sur la pension et qui doit s'entendre de la rente *correspondant à la fois aux versements réglementaires des retenues et à la bonification de l'État.*

OBSERVATIONS DIVERSES.

Cas où l'agent aura appartenu à plusieurs administrations.

Dans le cas où l'agent, depuis son affiliation au régime général des retraites, servira successivement dans plusieurs administrations, il incombera à la nouvelle administration de se faire transmettre par l'administration à laquelle l'intéressé appartenait précédemment, les pièces établissant sa situation en ce qui concerne l'application du présent décret et notamment les versements afférents à sa rente viagère.

Il incombera plus particulièrement à l'administration à laquelle l'intéressé appartiendra lors de son admission à la retraite de fournir, à l'appui de la proposition de pension civile, les pièces établissant que celui-ci a satisfait aux obligations qui lui étaient imposées par les textes pour voir entrer en compte dans cette pension les services correspondants à sa rente viagère.

Dans tous les cas l'indication du montant de la pension à payer sur les fonds du Trésor, déduction faite des rentes viagères calculées, comme il est prescrit par les textes en vigueur, sera portée sur le décret de concession et sur le livret de ladite pension.

Si l'entrée en jouissance des rentes est postérieure à celle de la pension civile, le décret de concession et le livret devront contenir mention des sommes successives auxquelles la pension se trouvera ramenée, ainsi que les dates auxquelles ces réductions prendront effet; il sera tenu compte de ces modifications dans l'établissement des coupons trimestriels. La formule suivante pourrait être adoptée dans ce cas pour l'imputation de chacune desdites rentes : «La présente pension sera ramenée au taux de   à compter du   , date d'entrée en jouissance de la rente n°   , de   à servir au titulaire par la caisse   ».

Dans le cas de rentes acquises antérieurement à l'entrée en jouissance de la pension civile, il 'y aura lieu de porter sur le certificat
d'inscription, outre la mention réglementaire relative aux avances.
la mention « sauf déduction des allocations temporaires et indemnités de cherté de vie».

En cas de prédécès de son conjoint survenu postérieurement à la
concession de la pension civile. le titulaire déposera le livret de cette
pension, accompagné d'une expédition de l'acte de décès du conjoint, .
entre les mains du comptable assignataire qui le transmettra, avec
les pièces à l'appui, par la voie hiérarchique, au directeur de la
dette inscrite en vue de l'établissement d'un nouveau titre.

Le Ministre des Finances,
PAUL DOUMER.

Paris, le 2 juillet 1926.

Le Ministre des finances

à Monsieur le Ministre de l'Instruction publique.

Un décret en date du 13 novembre 1925 et une instruction en
date du 26 janvier 1926 publiés au *Journal officiel* respectivement
les 18 novembre 1925 et 28 janvier 1926, ont réglé :

1° Les conditions dans lesquelles doit être effectué le versement
des retenues rétroactives dues par les bénéficiaires de l'article 69 de
la loi du 14 avril 1924 :

2° Les conditions dans lesquelles doit être imputée sur la pension
civile des bénéficiaires des articles 10 et 69 de la loi du 14 avril 1924
la rente viagère correspondant aux retenues versées par lesdits bénéficiaires à la Caisse nationale des retraites pour la vieillesse.

Il me paraît indispensable de compléter les deux textes ci-dessus
rappelés par les explications suivantes :

*1° Versement des retenues rétroactives dues par les bénéficiaires
de l'article 69.*

Ainsi que le spécifie l'article 69 de l'Instruction du 12 octobre 1924
(*Journal officiel* du 21 octobre 1924), les intéressés doivent verser
rétroactivement les retenues de la loi de 1853 pour la période antérieure au 17 avril 1924 et celles déterminées par l'article 3 de la loi
du 14 avril 1924, à partir du 17 avril 1924. Il est rappelé que les
retenues de la loi de 1853 doivent comprendre celles du premier
douzième. Le montant total de cette dernière sera pratiquement

obtenu en prenant le douzième du traitement dont bénéficiait l'agent à la date du 17 avril 1924.

Bien entendu, si le point de départ des services admissibles pour la retraite se place à une date comprise entre le 17 mars et le 17 avril 1924, la retenue du premier douzième sera calculée sur la période écoulée depuis le point de départ susvisé jusqu'au 16 avril inclus.

2° Perception par l'administration des arrérages de rentes acquises avant l'entrée en jouissance des pensions civiles.

L'article 2 du décret du 13 novembre 1925 dispose que, au cas où une rente serait acquise, soit à l'agent, soit à son conjoint, antérieurement à l'entrée en jouissance de la pension civile, l'administration dont relève l'agent conservera les titres de rente et en percevra les arrérages lors de chaque échéance.

Il est fait observer tout d'abord que cette disposition a un caractère transitoire, car à l'avenir les administrations doivent, dans le cas où la jouissance d'une rente interviendrait antérieurement à l'admission à la retraite de l'agent intéressé, procéder à l'ajournement de ladite rente.

Dès qu'elles auront reçu les présentes instructions et durant toute la période nécessaire, les administrations auront à rechercher avec le plus grand soin si des titres de rente ont été ou sont sur le point d'être remis à des agents *en fonctions* bénéficiaires des articles 10 et 69 de la loi du 14 avril 1924 ou aux conjoints desdits agents. Cette recherche, comme d'ailleurs, toutes les opérations qui vont être détaillées ci-après, sera effectuée par les soins des chefs de service que les administrations auront à désigner spécialement à cet effet.

Les titres de rente susvisés seront obligatoirement remis auxdits chefs de service.

En cas de refus des intéressés, toutes mesures utiles seraient prises pour précompter sur les mandats de traitement le montant des arrérages.

Les chefs de service conserveront ces titres de rente et en percevront les arrérages en qualité de mandataires des titulaires jusqu'à la date à laquelle prendra effet la mise à la retraite des agents. Il est fait observer à cet égard que, dans l'immense majorité des cas, la date susvisée ne coïncidera pas avec une date d'échéance de la rente; cette dernière sera alors perçue par l'administration *jusques et y compris la première échéance suivant la date à laquelle prend effet la mise à la retraite.* Bien entendu la pension ne sera réduite du montant de rente qu'à dater du lendemain de la dernière échéance perçue par l'administration.

Lorsqu'il s'agira d'agents maintenus en fonctions après la date d'admission à la retraite, la rente sera perçue par l'administration jusques et y compris la première échéance postérieure à la date de cessation du payement du traitement civil.

Le payement des arrérages sera effectué exclusivement par les comptables supérieurs du Trésor (trésoriers-payeurs généraux et receveurs des finances) aux caisses desquels les rentes auront été assignées payables par les soins des chefs de service. Comme l'indique l'article 2, troisième alinéa, de l'instruction du 24 janvier 1926, il aura lieu sur production du titre de rente et d'un certificat de vie établi par le chef de service, sous sa responsabilité personnelle et constatant l'existence de l'intéressé au moment de la dernière échéance à percevoir. Ce certificat pourra être établi sur la formule du modèle annexe à la circulaire de la Caisse des dépôts et consignations du 12 mars.1923, formule à laquelle il conviendra d'apporter les rectifications suivantes : *au lieu de :* «délivré pour l'application de l'article 31 de la loi du 29 avril 1921», *mettre :* «délivré pour l'application de l'article 10 (ou 69) de la loi du 14 avril 1924; *au lieu de :* «bénéficiaire de l'article 31 de la loi du 29 avril 1921, maintenu en fonctions bien qu'ayant dépassé l'âge de 65 ans», *mettre :* «bénéficiaires de l'article 10 (ou 69) de la loi du 14 avril 1924, en fonctions ».

Les arrérages payés seront reversés immédiatement au compte « recettes accidentelles à différents titres» de sorte que l'opération ne comportera aucun mouvement effectif de numéraire.

Il n'en sera pas ainsi toutefois dans le cas où la rente sera constituée pour partie par des versements facultatifs effectués par l'agent. Il ne saurait être question en effet de retirer à l'intéressé le bénéfice du montant de la rente correspondant auxdits versements. Avant toute perception des premiers arrérages, les chefs de service auront donc à rechercher si la rente ne comprend pas une partie acquise en vertu de versements facultatifs et, dans l'affirmative, à déterminer, après avoir pris l'avis de l'administration supérieure et de la Caisse des dépôts et consignations, le montant de la rente correspondant aux versements réglementaires et celui de la rente correspondant aux versements facultatifs. Les arrérages de la première fraction de la rente seront encaissés au compte « recettes accidentelles » comme il est indiqué ci-dessus; ceux de la seconde fraction qui donneront lieu à un payement effectif par le comptable du Trésor seront reversés aux ayants droit par les chefs de service mandataires.

Le récépissé constatant la recette au compte «recettes accidentelles» des arrérages correspondant aux versements réglementaires distinct pour chaque rente sera remis au chef de service détenteur du titre qui le conservera soigneusement dans le dossier de l'intéressé. Il est fait observer que les récépissés successifs devront être produits à l'appui du bordereau de liquidation de pension pour justifier que les arrérages de la rente acquise avant la date d'entrée en jouissance de la pension civile ont bien été perçus par l'administration et versés au Trésor.

L'attention des chefs de service intéressés devra être spécialement attirée sur l'obligation qui leur est faite de percevoir régulièrement les arrérages de rentes dans les conditions ci-dessus exposées et d'assurer la conservation des récépissés. Les trésoriers-payeurs généraux et les receveurs des finances recevront d'ailleurs des instructions particulières destinées notamment à assurer le contrôle de la perception régulière des arrérages dont il s'agit.

Je vous serais obligé de bien vouloir élaborer d'urgence les instructions nécessaires à l'application, par votre administration, des mesures ci-dessus envisagées.

Pour le Ministre et par autorisation :

Le Directeur de la Comptabilité publique,

GUÉRIN.

Paris, le 12 août 1926.

Le President du Conseil, Ministre des Finances

à Monsieur le Ministre de l'Instruction publique et des Beaux-Arts.

Des règlements d'administration publique pris en vertu de l'article 69 de la loi du 14 avril 1924 ont admis au bénéfice de cette loi des personnels qui ne ressortissaient pas précédemment au régime général des pensions.

A ce propos, mon administration a été consultée au sujet des répercussions de l'affiliation nouvelle au point de vue :

a. Des licenciements ;

b. Des congés de faveur ou de maladie ;

c. De la législation sur les accidents de travail.

Sur les trois points, j'ai l'honneur de vous faire connaître qu'à partir du jour de leur affiliation à la loi du 14 avril 1924, les intéressés doivent être exactement traités comme les fonctionnaires, qu'il en résulte pour eux des avantages ou des inconvénients par rapport aux régimes auxquels ils étaient antérieurement soumis.

R. POINCARÉ.

Paris, le 2 septembre 1926.

Le Président du Conseil, Ministre des Finances

à Monsieur le Ministre de l'Instruction publique et des Beaux-Arts.

L'instruction du 24 janvier 1926 pour l'application du décret du 13 novembre 1925, réglant l'imputation sur la pension civile de la rente viagère des bénéficiaires des articles 10 et 69 de la loi du 14 avril 1924, comporte à l'avant-dernier alinéa de l'article 2, les prescriptions suivantes :

Chaque fois qu'il s'agira de rentes acquises antérieurement à l'entrée en jouissance de la pension civile, les administrations provoqueront d'urgence la radiation par la préfecture compétente des titulaires de cartes inscrits sur les états de bénéficiaires d'allocation temporaire de la loi du 23 février 1919 et d'indemnité de cherté de vie de la la loi du 12 avril 1922. En outre, elles lui demanderont un état indiquant le montant des sommes perçues par chaque intéressé au titre de l'allocation et de l'indemnité susvisées ainsi que les périodes de perception correspondantes. Cette pièce (ou à défaut un certificat négatif signé du préfet) sera jointe au certificat d'avances sur pension à établir, conformément aux instructions en vigueur, au moment de la délivrance du titre de la Dette inscrite. La récupération des allocations temporaires et indemnités de cherté de vie sera effectuée par imputation sur le rappel et, s'il est nécessaire, par voie de retenues du cinquième sur les arrérages trimestriels venant à échéance.

J'ai l'honneur de vous faire connaître que cette procédure de récupération des sommes perçues au titre de l'allocation temporaire et de l'indemnité de cherté de vie sur le rappel d'arrérages et les arrérages trimestriels de la pension concédée doit être appliquée seulement dans le cas où les agents sont sur le point d'être mis à la retraite. Dans tous les autres cas, les sommes dont il s'agit seront restituées par voie de versement en capital justifié dans les mêmes formes qu'il est justifié actuellement des versements de retenues rétroactives, avec le certificat préfectoral à l'appui.

En aucune hypothèse les agents ne pourront se libérer par l'abandon sur leur pension d'une somme équivalente à la rente qui leur serait acquise s'ils avaient versé le montant des sommes en cause à la caisse à laquelle ils étaient affiliés à capital aliéné et au jour de leur admission à la retraite. Ce mode de libération ne peut être admis qu'en ce qui concerne les arrérages proprement dits de la rente viagère.

Vous voudrez bien trouver également ci-joint un modèle de la formule visée par le dernier alinéa de l'article 2 de l'instruction du 24 janvier 1926.

Étant donné le nombre relativement faible des certificats préfec-toraux à délivrer, il ne sera pas établi de formules imprimées.

Pour le Ministre et par autorisation :

Le Directeur de la Comptabilité publique,

GUÉRIN.

CERTIFICAT

pour l'application des articles 10 et 69 de la loi du 14 avril 1924.

Conformément à l'article 2 du titre I⁰ʳ de l'instruction du Ministre des Finances en date du 24 janvier 1926, publiée au *Journal officiel* du 28 janvier suivant, j'ai l'honneur de vous prier de rayer des états de bénéficiaires de l'allocation temporaire et de l'indemnité de cherté de vie aux petits retraités de l'État,

M.

titulaire de la rente sur la Caisse nationale des retraites pour la vieillesse n⁰   de francs

et de mentionner au verso du présent certificat les renseignements concernant les payements desdites allocations et indemnités dont a bénéficié l   susnommé   depuis le

jusqu'à la date à compter de laquelle il aura été rayé.

A   , le   .

(Désignatoin et signature
de l'autorité qui établit la demande.)

ALLOCATION TEMPORAIRE AUX PETITS RETRAITÉS.

Postérieurement au   (date indiquée au recto) M.
a bénéficié dans le lieu de son domicile actuel ou de tout autre domicile
antérieur de l'allocation temporaire aux petits retraités de l'État comme il
est indiqué ci-après :

DÉPAR-TEMENTS, COMMUNES.	NUMÉRO des CERTIFICATS d'admission.	TAUX ANNUEL.	PÉRIODES PENDANT lesquelles le taux n'a pas varié.	MONTANT,	OBSER-VATIONS.
TOTAL					

INDEMNITÉ DE CHERTÉ DE VIE AUX PETITS RETRAITÉS.

Postérieurement au   (date indiquée au recto) M.
a bénéficié dans le lieu de son domicile actuel ou de tout autre domicile
de l'indemnité de cherté de vie aux petits retraités de l'État comme il est
indiqué au tableau ci-après :

DÉPAR-TEMENTS, COMMUNES.	NUMÉRO des CERTIFICATS d'admission.	TAUX ANNUEL.	PÉRIODES PENDANT lesquelles le taux n'a pas varié.	MONTANT.	OBSER-VATIONS.
TOTAL					

M.   a été rayé   des états de bénéficiaires de l'allocation
temporaire aux petits retraités de l'État à compter du
et des états de bénéficiaires de l'indemnité de cherté de vie aux petits
retraité de l'État à compter du

A   , le

Cachet
de la Préfecture.

Le Préfet,

www.ingramcontent.com/pod-product-compliance
Lightning Source LLC
LaVergne TN
LVHW012258050726
842524LV00004B/1155